Nociones básicas

Nociones básicas

Irina-Roxana Georgescu

Traducido del rumano por
Albert Denn y Borja Mozo Martín

EDICIONES
Aguere

Colección dirigida por: Ánghel Morales García
Directora de arte: Sara Hernández
Maquetación: Marina Zambrana

Nociones básicas

Primera edición: 2024
© De la edición:
Ediciones Idea, 2024
Ediciones Aguere, 2024
© Del prólogo:
José Marrero y Castro
© Del texto:
Irina-Roxana Georgescu
© De la traducción:
Albert Denn y Borja Mozo Martín
© De la traducción de los poemas *Dealers de dolor* y *Diversificamos*:
Claudia Aura Vasile
© De las ilustraciones:
Ioana Mălina Nicolaescu

Ediciones Idea
• San Clemente, 24 Edif. El Pilar
38002, Santa Cruz de Tenerife.
Tel.: 922 532 150
Fax: 922 286 062

• León y Castillo, 39 - 4º B
35003 Las Palmas de Gran Canaria
Tel.: 928 373637 - 928 381827
Fax: 928 382196
correo@edicionesidea.com
www.edicionesidea.com

Ediciones Aguere
• Tribulaciones, 23
38001, Santa Cruz de Tenerife.
Tel.: 922 288 724 / 676 863 442
nacioncanaria@hotmail.es

Fotomecánica e impresión: Gráficas Tenerife, S.A.
Impreso en España - *Printed in Spain*
ISBN: 978-84-19681-92-8
Depósito Legal: TF 107-2024

PRÓLOGO

Con esta nueva entrega poética de Irina-Roxana Geor-
gescu, traducida al castellano por Albert Denn y Borja
Mozo Martín, podemos decir que estamos otra vez ante
una aportación literaria de un enorme calado poético
contemporáneo, tanto en lo relativo a las formas como
al fondo; tanto en lo relativo a los contenidos como a los
mensajes y las interpretaciones del mundo, desde el
imaginario creativo de la autora. Si bien la obra se desa-
rrolla en dos partes, que se han diferenciado en la edi-
ción y que ya varios estudiosos de la obra han explicado
concienzudamente (Ana Velicaru, Simona Constantino-
vici), "nociones básicas", en cada una de las dos partes
que constituyen el poemario: "aplicaciones" e "instantá-
neas" son un mismo continuo poético con dos formas,
pues se trata de un discurso poético idéntico, aunque
diferenciado a la vez, en lo oportuno de la ordenación y
en el contenido.

Se puede decir que son dos modos de expresar un to-
do equivalente que constituye una sola entrega literaria.
Por ello, considero indiferente comenzar a hablar de este

poemario por las "instantáneas" que por las "aplicaciones", si bien viene al caso hacer referencia, primero que nada, a las citas que aparecen al principio de la edición en las que Irina nos recuerda las palabras de Julian Beck, fundador del Living Theatre neoyorquino: *you cannot stop violence with violence*. Esa cita encierra una utopía que Irina parece querer legitimar mediante la exposición cruda y dura de una realidad que la autora nos expone sin ningún tipo de edulcorante, pues nos está mostrando una clara y amarga realidad ante la que se toma conciencia a través del conocimiento de lo cotidiano.

En la última parte de la obra, que Irina ha titulado "Instantáneas", los poemas parecen haber sido elaborados con la intención de que el lector vaya percibiendo desde la subjetividad, un mensaje escrito en el reverso de una tarjeta postal, de una fotografía, de una instantánea. La clara y meridiana imagen del anverso (la imagen de la postal) y el texto del reverso que se imagina en la parte menos descriptiva de cada poema, recuerdan aquellas postales que se envían durante los viajes, desde los distintos paisajes y lugares que se visitan. La idea "postal" encaja en este puzle de ideas sobre la creatividad y lo existencial como forma de crear poesía sobre lo vivido o imaginado sin caer, innecesariamente, en la poesía confesional. Creo que la última parte del libro se disfruta leyendo las instantáneas que la autora recordó de aquél Sebald de la escritura y la foto, pero que ella ahora enriquece con la melodía de sus poemas, a veces polifónica y otras veces más lineal y no por ello menos contemporánea, en términos tanto de escritura como de musicalidad.

De pronto, la sombra de los aconteceres cotidianos, casi siempre urbanos, juegan con revelaciones que son capaces de aceptar la violencia de las horas que pasan como animaciones de manga tras algún regreso a Bucarest, dejado atrás alguna mañana en las que se sucumbía, bien a las delicias o bien a los infiernos.

Irina nos presenta una vida, una vitalidad, una vivencia, siendo consciente de que la misma es un tránsito; una *road-movie* con un argumento ceñido al desencanto, la soledad y el descubrimiento de la intransigencia que bien puede encajar en una escena violenta de Zvyagintsev.

Para no perderse entre las dudas, las "instantáneas" comienzan con la frase de Quinto Horacio Flaco, *ut pictura poesis*, tal vez como tibia referencia "clásica" al ya nombrado Sebald. Con dicha frase, Irina parece querer reivindicar su necesidad de plasmar el conocido aforismo que dice que "la poesía es como la pintura". Como contrapunto lo hace indicando, además, la necesidad de que el amor debería ser el mismo a veinticuatro mil metros de altitud que allá abajo, en la tierra. Y ahí comienza el todo que es la nada y a la vez otra esencia de esta obra; la parte de las otras nociones básicas que narran los viajes que la poesía le brinda a la autora: de Estambul a Amberes, de Budapest al Caribe, del Caribe a Dinamarca o Dobrogea, o Colentina, o nuevamente Bucarest. O bien, tanto Salamanca como Salónica, tanto Tel-Aviv como Granada.

Cabe decir, a propósito del nombre de tantas ciudades, que la poesía de Irina sin duda alguna es esencialmente poesía urbana pero también de viajes, aunque también es cinéfila y en ocasiones sus poemas parecen narrar una vida urbana contada desde la visión de un guion cinematográfico diario, fundamentalmente de mujer, impregnando su poesía de una visión de género que se destila desde cada verso-pincelada-fotograma; desde una trama que nace con sincera y evidente vocación de escena cuya característica principal no es ser simplemente una noticia que vaticina la pérdida de la felicidad, o el retorno a un casa, un hogar, que se vive, se comparte, se presiente o se pierde.

Sin duda, los poemas de Irina son propuestas poéticas comprometidas, pues como nos recuerda la propia autora, ya Epiménides de Cnosos rechazaba el mito divino y las hienas como dudosas guardianas de la casa-oráculo. En este sentido, la recurrente evocación de una casa, no se sabe bien si habitada o solamente visitada, no tan alejada a mi entender de aquella otra que un día Rilke también evocara, está construida en su relato tanto en lo etéreo de los recuerdos como también sobre lo efímero de sus materiales constructivos: paredes de pladur, suelos fríos de madera, papel reciclado, PVC, etcétera.

La casa adopta las múltiples formas de la alteración del estado de ánimo y de la realidad jugando un papel de posmodernidad que no es sino la más hiriente forma de la tristeza, de postración ante un sinfín de tragedias en las que las situaciones se hacen insoportables, más allá de un cuerpo desnudo, sin pellejo, en el cual yace el dolor de los huesos. Podríamos decir que Irina viene a decirnos con su poesía que el dinero manda y la pobreza obedece, en permanente convivencia con otras noticias insustanciales de las que la violencia es razón y causa, y también causa y efecto.

En este ámbito creativo literario tal vez hiperreal –surrealista de nuevo cuño, o tal vez confesional (simulado o no)– que nos ofrece la autora, en ocasiones, el ser "se vuelve líquido", se adapta a las distancias a pesar de la amenaza que está ahí, junto a la indolencia, sobre una reflexión acotada por alguna cita de los clásicos, siempre más acertada de lo que aparenta, porque a pesar de las referencias a los clásicos la poesía de Irina no deja pasar desapercibida aquello que sucede cotidianamente.

El síndrome de abstinencia que pueda sobrevenir a la dinámica creativa, con referencias claras en las aplicaciones que propone, sacudirá al silencio para que todo quede dicho, y aquel cansancio de los huesos del que se nos hablaba, quede amortiguado con una rutina.

Según avanza la lectura, las ciudades, las palabras y las sombras van reemplazando aquella realidad por otra que, aun con indiferencia, aprende del azar sus nombres y se confunden en un habitáculo compartido por quien grita con la estridencia de lo real, como si la vida no fuera otra cosa que un intervalo en el que se respira por inercia. Tal vez esa misma inercia que pone la lucidez entre paréntesis es la que subyace bajo la amenaza de un miedo, que cava su madriguera en una identidad construida por medio de una vida a plazos.

En el ritual urbano que Irina nos presenta, desaparece en la trascendencia de lo mercantil el día a día y la misma impostura que se señala, pues, al fin y al cabo, se trata de ser o de tener una personalidad *cool* en fragmentos de veinticuatro horas, a las que les restamos las diez que no vivimos para nosotros mismos y que, como dice la autora, acabará arrastrando nuestra capacidad de comunicación y nuestra propia vida a una gran papelera de reciclaje.

Es como si la historia, tal como nos indica Irina en uno de sus poemas, tanto si se vive en directo como en diferido, fuese una angustia con camisa de fuerza en la que un cerebro, todavía en construcción, tiende a quedar ralentizado como el de un burócrata que ve la vida perfectamente ordenada y se mantiene alienado y satisfecho, en la supuesta comodidad de su *status quo*.

Otras veces Irina nos propone que pensemos en un prado, tal vez un prado con voluntad de museo de las delicias de la alta cosmética y la lujuria de los espejos en los que unos turistas (acaso un alter-ego de ella en algún viaje) reflejan su sentido impropio en la balanza de la miseria de los caprichos de la pobreza de la alimentación. Entonces ocurre una enfermedad (la fatiga de tanto contrato temporal) que recoge el relevo de la máscara africana y la autosuficiencia de esta sociedad evolucionada, que tiende al lavado cerebral.

El humo de lo cotidiano, a veces se transfigura en un rostro que deambula por los asentamientos subterráneos del mar Adriático donde el búnker de la soledad acecha ante el pánico que todo lo corroe, incluso hasta el interior más profundo de una *matrioshka* cuyo nombre se convierte en el asfalto que se transita. Por ello, parece ser que debemos aprender que la resistencia debe ser ejercida cada día con toda la agonía que cabe en un calendario, más allá de lo virtual y que, aun cuando no es un calendario definitivo gracias al olvido, es más que la pérdida de las referencias de lo absurdo de cada día, donde el ser humano corre el riesgo de transformarse en un recuerdo.

Aunque tal vez solo nos está hablando de un rumor que encaja en el diseño imperfecto de una existencia donde no hay garantías, pero sí la seguridad de estar en un lugar en el cual no puedes encontrarte a ti mismo.

Esta obra también tiene consigo desde algún lugar indeterminado olor a mar, que es la distancia, que es el horizonte que existe ante el rechazo a que la realidad nos atormente cuando la retratamos, con la finalidad de traspasar a los demás nuestra propia visión. Es la regla que tememos en lo más profundo de nuestro ser, pues no deseamos ser reflejo de nosotros mismos, sino de nuestras creencias, tal vez grabadas como ese archivo sonoro que repite aquello que tiene previamente programado.

Pero debemos tener en cuenta que el miedo puede aparecer en cualquier grieta de nuestra casa, en un edificio o un bloque de viviendas, donde mil pares de ojos fisgones hurgan cada poro de nuestra personalidad que busca un silencio químico, tal vez psicotrópico, que sea capaz de aplacar la ansiedad que supura por cada una de

las paredes, demasiado delgadas para una estancia com-
partida con una multitud desconocida.

Es la misma multitud que envuelve a la ac-
triz/autora/guionista/protagonista/poeta en una guagua
que avanza por el barrizal de la soledad cotidiana, a
pesar de los tumultos, a pesar de las nostalgias y alguna
lejana música tuareg que suena también para una diez-
mada población nativa americana, con quien se tomó un
mate o un *chimarrão*, mientras una noria gigantesca los
transfiguraba a velocidad de vértigo en cazadores que se
vanagloriaban, en la mismísima puerta de Granada, de
que la pena de muerte no solo es una verdad subyacente,
sino que se evidencia explícitamente en muchos lugares
cercanos.

El poemario de Irina, por lo tanto, es también un
sueño que adopta la forma de la arquitectura regular de
todo lo que una ciudad pueda dar de sí a sus habitantes,
capaces de beber la cicuta rutinaria de sus existencias
con tal de no tener que salvar a ningún héroe.

Es tan sencillo a veces como una metamorfosis
demandada por un cambio de usuario y una nueva
cuenta en Internet, que mejorará las pausas de la exis-
tencia y nos hará más agresivos o más resistentes.
Aunque también todo eso nos pueda llevar al suicidio
de la mano del miedo de Pizarnik y finalmente, puede
que todo ocurra en vano y llegada la noche, cenemos
nuevamente soledad.

Ya en la madrugada, erguido el parpadeo igual que
un hormigueo de cristal en los ojos, se vislumbra el
nuevo desenlace: un nuevo día, una nueva tarde, una

nueva noche, una nueva estancia robotizada en la vida de alguien, que no cuenta con un futuro más allá de lo que pueda ser reconstruido a partir de sus propios gestos; la vida se rehace con la llegada de un nuevo día que se va adaptando a un modelo en el que el olvido será la única resistencia que oponer al *stress*, que no tiene fecha de caducidad.

La nueva *aurora borealis* anunciará un nuevo límite, un *deadline* estridente como una religión vehemente en la pantalla del móvil cada día de pánico a ritmo contemporáneo, como si se tratase, dice Irina, del sueño de un insecto. Así las cosas, las redes sociales no son más que una idealización del animal que te habita y te agrede mediante su presencia en los ordenadores que controlan tus necesidades, que serán cada vez más escasas por el cansancio.

Se trata de las ataduras a la soledad y la condena a un contrapunto contra la intimidad, a la explotación de la carne viva y la mano de obra barata, que, en el caso de la obra de la autora, representan al unísono la poesía y el beneficio de la duda permanente ante la hostilidad. En definitiva, que representa el esfuerzo por mantener los ojos abiertos ante una realidad, virtual o real, en sincronía y que se despersonaliza con nuevas formas de dominación y nuevos núcleos de poder, a veces por el bien de la patria y otras simplemente por la comodidad de dejar que todo cambie para que nada cambie y que, en un futuro, nos transformará en animales mucho más eficaces.

Se trata de una planificación que han decidido por nosotros y que sobre el delta de Bucarest o sobre cualquier otra parte de este asustado mundo donde no exista un Danubio, rocía nuestro rostro con sombras a pesar de la voluntad de la rebeldía.

Debemos ser responsables y participar, aun siquiera pasivos, en dramas de todo tipo mientras pasan las horas y el aroma de una vela, con forma de magnolia, como nos dice esta gran poeta rumana, nos transforma en un iris incandescente y gigantesco.

Al fin y al cabo, tal vez sea cierto que, como recoge Irina en su obra, alguien escribió en un muro aquello de: "nos quedan dos jornadas".

José Marrero y Castro

Nociones básicas

A mi hijo, Lucas-Paul
A mi marido, Ştefan

You cannot
stop violence
with violence

Julian Beck,
Revolution and Counter Revolution

*Dice que está bien. Tú dices que estás bien y piensas que
ella debe estar realmente bien y que tú estás realmente bien.
Su mirada es bellísima, como si viera por primera vez las
escenas que deseó toda su vida. Después llega el aliento a
podrido, los ojos huecos aunque ella diga (mientras tú per-
maneces callado, como en una película muda) que el in-
fierno no puede ser el mundo donde vive. ¡Corten este texto
de mierda!, grita. El caleidoscopio adopta la apariencia de
la soledad. Crac, hace tu corazón.*

Roberto Bolaño,
Prosa de otoño en Gerona

Immaterial labor. What is it
Really and the periphery. A system
Is not a solution.

Joshua Clover,
Questions on the Contemporary

APLICACIONES

EN OBRAS I
O SOBRE CÓMO VIVIR
EN LA CIUDAD CUANDO
LA HISTORIA SE REESCRIBE
EN HOJAS DE TITANIO Y VANADIO

Guerras, atentados y terror inscritos en el
[genoma,
rodeados de pobreza, malaria, SIDA,
tuberculosis,
maniobras en el Congo, Siria, Afganistán.
Pero tenemos medicamentos, comida de sobra,
[energía y
materias primas.
La muerte no es más que un problema técnico.

Epiménides de Cnosos rechazaba el mito divino
No hay signo alguno en el centro de la Tierra,
[ni en el mar,
y de haberlo, lo verían los dioses, no los
[hombres.

Las hienas como dudosos guardianes de una
                                    [casa-oráculo.

En la casa de cal viva y serrín,
(biblioteca barnizada)
la vida lucha por zafarse
de los fríos suelos de madera–

la casa de paredes linfáticas que se dan la
                          [vuelta para estar solas,
donde brotan al mismo tiempo las
                          [depresiones/histerias,
(que enseguida cubre el silencio)
la casa de pladur y papel reciclado,
donde se aferran
barras, clavos, soportes de anclaje,
tacos olvidados en paredes y huesos,
tornillos y pvc,
la casa Brico Store, Leroy Merlin, Carrefour,
Zara Home o Ikea–
el colorido urbano falsifica la miseria, el
                          [hambre, la indignación
(la obligación de parecer verticales, pero
                                    [estúpidos,
unos *Falling Men post-DeLillo)*
el martillo marca el compás entre andamios
                          [cargados de historia.

La casa-guerra manda formar al pelotón de
[ejecución,
la ilusión del bien, los cuerpos descuartizados.
Y se derrama el silencio.
Con sus pétalos el tiempo teje nidos de polillas.

Oigo desde Colentina el gruñido mecánico del
[tranvía 21
precipitarse sobre mí.

Introducción

miles de imágenes, de testimonios, de palabras
                                                  [que
ya solo significan:
anulación soledad referencias perdidas
                                        [desesperanza
desintegración infertilidad decadencia odio
vulgaridad desilusión violencia
contaminación
impotencia
vida de ecorché
dinero dinero dinero dinero dinero
y ni un solo momento para uno mismo

cuando las últimas noticias no traen nada
                                          [esencial,
y la vida se escurre entre expectativas y
                                          [complicidades,
cuando nadie gana nada en el drama colectivo,

cuando las fuentes te informan de que tu sola
                    [presencia es una agresión

somos demasiado pobres para vivir al día,
demasiado pobres como para que nos importe.

EJERCICIO

Cada día hay alguien dispuesto a enviarme
a la corte marcial por actos de alta traición:
la pila llena de platos acumulados
durante la semana,
la taza de café medio llena

garantía de una muerte lenta

*

nada importa
más allá de estas palabras

ni el cepillo de dientes,
ni el champú,
ni el desodorante, ni siquiera
la crema facial
deja huella en mi experiencia,
nada hace nada por mí.

Ya no significo nada frente a las distancias.
Todo mi ser se vuelve líquido.

Aplicación I

En cada parada algo se quiebra,
y hasta el contorno del mundo, los colores, la
                              [textura de la ropa misma,
las distancias cercanas a la muerte,
el cansancio de los huesos
se pierden en la rutina.

Y una sola palabra resonará, mecánica,
las horas que dure el síndrome de abstinencia.

Ahora que la tierra se ha sacudido el silencio,
sé que ya todo está dicho.

EJERCICIO
LA ESTATUA DE SAL

Vuelvo a leer un texto antiguo.
La sensación de dejarme habitar por otro
y oír gritar mi nombre
de vez en cuando.
A los 31
aprendo palabras al azar.

Las horas pasan con la indiferencia de quien
                    [no tiene nada en el mundo.

Cuando anochece sobre Bucarest,
cada extremo de la ciudad
corre bajo mis pies.

Las sombras avanzan una tras otra,
(nos esperarán al final, no muy lejos de aquí,
quedará todo claro
y poco a poco otro cuento
reemplazará la realidad).

Aplicación II

La estridencia de lo real
transforma una multitud vacía
(objetos sin concreción)
en aparente diversidad.

El atronador silencio del cerebro se quiebra
                              [bajo su propio peso.

Vivo en el intervalo de una serie de
                              [acontecimientos
estoy viva, la vida brota de mí monstruosa y
                              [segura
en la pantalla-acuario

(palabras esparcidas en este luminoso día)

Respiro por inercia.

Derrito en mi retina la imagen de un albatros
                              [desplegando las alas
como un amanecer
atrasado.

APLICACIÓN III
AGLUTINACIONES

identidad
recompuesta
a base de horas en vela y una vida a plazos

solo este camino que nunca termina
podría llevarme a algún sitio
(en el país de los granados)
el único destino anula todas mis paradas

sin espacio personal,
sin otra existencia
que la camisa de fuerza

la proyección avanza implacable:
planos largos, estáticos

identidades en préstamo
anuncios, un resplandor sin consistencia
–al portador–
la inercia pone
(la lucidez)

entre paréntesis
ningún temor en las determinaciones diarias

*

vivo en la brecha del momento, *en un*
[continuum humanoide,
al borde de la locura,
bajo la amenaza del miedo

que cava su madriguera
cada vez más profunda, cada vez más precisa.

Ritual urbano

Empiezo la mañana con mi dosis diaria de
                        [vitalidad enlatada.
Ritual urbano, esquizoide. El café se muestra
           [acogedor con los titulares de cuentas
                            [bancarias,
letras pendientes & pequeñas depresiones.

Funciono 10 horas sin reproche,
un robot simpático y versátil.

La semana pasa sola.
Veo películas en netflix, tengo abono en el
                            [gimnasio
y tarjetas de fidelidad de todas las farmacias y
                            [discotecas.
Apuesto por la salud del capitalismo.

Soy cool.

Pirateo música,
cambio de teléfono cada dos años
como buen cliente fiel,
mis recuerdos se devalúan sin parar.

Almaceno fotografías, *gifs,*
documentos varios,
llevo una vida transitiva.
Aseguro el back-up de todo lo vivido.
Y vuelvo a empezar
para unas 10 horas más.

Lo arrastro todo a la papelera de reciclaje.

APLICACIÓN IV
ANGUSTIA

Hiperhumanidad
/ es decir, en este orden, máscara, fetiche,
$\qquad\qquad\qquad$ [símbolo /
una existencia atrapada en directrices,
$\qquad\qquad$ [esquemas, dibujos, gráficos,
porcentajes,
estudios de viabilidad, etc.
La historia se define entre "estamos en directo" y
"retransmisión en diferido".

Intermezzo.

Identidad en
camisa de fuerza:
la voluntad de vivir sin restricciones,
en un presente tan escaso
como el aire en las alturas,
como si no existieran ya ni camino, ni destinos,

si acaso una estrecha vereda, invadida por las
$\qquad\qquad\qquad$ [malas hierbas,
si acaso el alegre equilibrio de la vida.

EN OBRAS II
(LAS IMPRECISIONES
DEL DÍA DE HOY)

Mi cerebro muere lentamente entre estas rectas
                            [quillas de acero.
Sobre el estruendo de la calle, la taladradora
              [sacude la poca vida que me queda,
todo lo que tiene derecho a morir.

Entre andamios se prepara
un salto al vacío
desde la planta 400.

El miedo cava en mí
nuevas sombras.

                    *

Reprochable funcionario que ves la vida sin
                        [un atisbo de desorden.

Aplicación V
Reconfiguraciones

Cambio a menudo de muebles, de ropa, de
                            [electrodomésticos,
de valores, de compromisos,
de cama, de alfombras,
quemo la biblioteca.
Tengo memorias externas,
discos duros que controlan cada
centímetro de mi vida, cada
metro lineal de libertad,
televisores curvos,
lavadoras,
lavavajillas,
lavacerebros.

                        *

Reciclamos las pilas, el papel, los plásticos, el
                            [aluminio, a las personas.
Los matrimonios.
Ciborgs urbanos de ojos arrancados con miedo
                            [a los compromisos &

a los contratos,
solos, despojados de nosotros mismos,
postbestias,
cada vez más alienados.

APLICACIÓN VI
EL PRADO AL REVÉS[1]

Suelo gastar en cosméticos y
joyas una pequeña fortuna.
Podría alimentar con mis caprichos a un
                    [pueblo entero de África.

Pero en la persistente luz de Madrid,
con sus atardeceres secuenciales,
esas mujeres cautivadoras
encienden un cigarro tras otro sin hacer las
                    [paces con la rutina.
Como si les costara aceptar
que el sol se desplome como un Tesla sobre
                    [sus parpados,
sus atrevidos pechos, sus firmes pantorrillas.

Me siento una impostora.

Un turista sueña
con esa misma penitencia de la eterna belleza.

---

[1] En español en el original (nota de los traductores).

Esas mujeres pueden elegir otro lugar donde
domar sus ilusiones.
Infinitos espejos las guían por habitaciones de
[plata y cristal.

APLICACIÓN VII

tomografías, análisis
demasiado caros y complejos
para lo que tengo,
para lo que soy

laten en mí
como una esfinge de la muerte africana

(quiero dejar de ver a la gente
                    por un tiempo
ya no quiero oír a nadie
                    por un tiempo)
me basto a mí misma
por un tiempo

puedo morir cinco veces al día
sin que nadie
se dé cuenta

coraje solitario
entre dos diapositivas,
entre dos borradores pospuestos

(inútil penitencia
entre contratos temporales)

lavado de cerebro
diario / / muecas uniformes
sin el más mínimo relieve humano.

CEMENTO

Somos seres verticales
(maniquís y ecorchés)
carcasas de plástico y escayola
con el mérito de la inmovilidad

La soledad nos deja espalda contra espalda
                              [como dos archivos vacíos
(que llenamos
con nuestra propia impotencia)

La lluvia se me anuda en el pelo.

Llevo sobre los hombros el olor de la primavera
                              [grisácea
que estalla en arboledas de olivos y naranjos.
Las espirales de humo adquieren la forma de
                              [tu cara,
perdida entre las fotografías color sepia,
entre los pasos apresurados de los habitantes
de los pequeños asentamientos
a orillas del Adriático
o entre las ruinas de las ciudadelas medievales.

Las plantas construidas bajo tierra son
                              [búnkeres de soledad.
Las pesadillas explotan en píxeles de asfalto y
                              [nieve carbónica.

Aplicación VIII
Sensación de vacío y pánico
mortal —cuerpo de madera con la
tensión de una *matrioshka*

(soy una muñeca mecánica,
el tiempo me roe los huesos en continuo
                                        [silencio)

bajo la coraza de amianto de miles de rostros,
mi nombre se convierte en el asfalto que piso.

APLICACIÓN IX
RESISTENCIA

Este día me exprime
todo
lo que
está
vivo,
todo lo que lucha por resistir.

Aplicación X

Más allá
de la luz cegadora de lo trivial cotidiano,
cualquier agonía cabe en el calendario.
Todo debe encajar en la simple ecuación
de la rutina.

Más allá del perfil virtual,
de las migrañas, las conversaciones, las
                    [invectivas, las miserias
existe
algo no definido,
pero nombrado.

Aplicación XI
El olvido

desaparecen uno a uno los puntos de referencia
y en su lugar asoma la dosis diaria, exacta
de absurdo

la dignidad y el compromiso acaparan islas
                              [enteras de soledad

al atravesar la grieta del muro, la sombra se
                              [vuelve tabla, mortero,
aguanieve,
al atravesar la grieta del muro, solo soy
el recuerdo de un rumor

 y todo encaja / / en un dibujo imperfecto.

EJERCICIO
NADIE ME GARANTIZA NADA

Me pierdo por la ciudad.
Cierro los ojos.
Una voz interior: ¿sabes por qué estás aquí?
Fuck off.

No te muevas. Cualquier movimiento conlleva
[salir del sueño.
Quieres ser alguien, tener cosas.

Soy un pájaro en una tormenta de arena.
Un accidente geológico,
ladrona, asesina.

Imagina que no tienes que trabajar ni un día
[más.

En el día mundial de la educación me he
[levantado a las seis.

Me he preparado un café turco,
me he repetido a mí misma que el corazón de
[hojalata
no iba a hacer hoy mucho ruido.
Y me he metido despacio en la ducha.

Esquemas resistentes

Retazos de conversación que justifican
la verdad del día:

solo vivo fuera de mí.

Aplicación XII
Indeterminación

Se me inundan las fosas nasales de efluvios
[salados.

Sé que las distancias ya no importan.

PURO DESPRECIO
PURO RECHAZO

(Kevin Carter se suicida
después de fotografiar a un niño malnutrido
a punto de ser devorado por un buitre.
Jamie Livingston acumula miles de fotografías
[a lo largo de los años:
definiciones de deshumanización).

La realidad es mi función suryectiva.
La banalidad con ojos de muerto
aferra
sus garras
al páncreas
a la arteria femoral,

hasta volverse evidencia:
el hombre-cenicero me llaman
disponible las 24 horas, los 7 días de la semana,
la voz robótica de atención al cliente.

Aplicación XIII

Mi locura se conjuga con la de los demás.
Caigo al vacío. Enfermedad / silencios /
            [alejamiento, un ejercicio de valentía:
aprieto el puño y, al crujir los huesos,
los dientes rechinan.

Los intersticios del miedo se tejen
cuando aparece una grieta en el ritual de cada
                                    [día.

Aplicación XIV

Al subir los pisos del bloque de hormigón
                              [armado y alquitrán
mil pares de ojos fisgones
me hurgan en cada poro.

Libre albedrío tiene hasta mi *Smartphone*,
pero yo no puedo salvarme de mí misma.
(Retrato de familia al atardecer).
Las voces se rompen entre paredes demasiado
                              [vivas, demasiado finas:
necesito pastillas de silencio,
de muerte.

APLICACIÓN XV

El único autobús de vuelta a casa está
                              [abarrotado.

Avanzo por el barrizal urbano como un cadáver
                              [bien conservado.

Dejo huellas grasientas sobre el frío cristal,
en el vientre feroz del animal que me contiene.

Ni mi cuerpo ni el de los demás transmiten ya
                              [nada en
el continuo gesticular del día.

"Sabes que la mitad de la gente
daría la vida
por ser
al menos ¼ de lo tranquila
que eres tú".

*

Tinariwen suena discretamente en mis
                              [auriculares.
Las colonias perfectas del África negra y las
                              [decimadas poblaciones
de América Latina
me tatúan los párpados con distancias y miedos.

Tomamos mate argentino, *chimarrão* o
                              [cimarrón,
como el pueblo Tupí.
Estamos en una *Wonder Wheel*, *baby*,
bajamos a toda velocidad por los espiralados
                              [brazos del
peligro.

Un ciclo continuo de transformación de la
                              [materia.

Cazamos caimanes en la laguna negra,
          [anacondas, pirañas tan minúsculas
como nuestra soledad.

                    *

Dos extraños destrozaron en la Plaza
                              [Bib-Rambla
la ilusión del verano andaluz.
Poco después, aquel mediodía, el barrio judío
                              [de Granada

vibraba con las risas de la chica liberada
de una atadura enfermiza.
Una angelatriz caminando sobre ramos de
[jacinto y jazmín.

*

En Europa, solo Bielorrusia sigue ejecutando
[condenados.
Desaparecen sin más de la faz de la tierra,
como si nunca hubieran existido.

Un único verdugo les pega un tiro en la nuca,
un único verdugo elige el lugar y el momento
[de la ejecución.

Aplicación XVI
Dream Diary

Sleep disorders –entre narcolepsia y cataplejía,
la hipocretina regula la arquitectura del sueño.

Minuciosos preparativos para la amnesia:
Cursos de manicura profesional, maquillaje,
masaje terapéutico, *kick boxing*,
kangoo jumps, cualquier cosa que aporte una
                                    [pizca de adrenalina.

Tú –precioso objeto de museo.

Aún hay vida bajo las placas conmemorativas,
aún hay algo de libertad

// el universo encuentra maneras de
                                    [reinventarse //

(he limpiado hasta el ladrillo, hasta la fina
                            [arena que se desliza
entre mis dedos)

Tú eres el protagonista de tu vida –abres los
[ojos, gritas
de alegría –lo tienes todo a tu alcance:
junk food, car wash, self service

ALL MADE PRIVATE
ALL MADE PUBLIC
(accesibilidad desviada)

A veces, la banalidad
destruye cualquier rastro de mejora,
a veces, la rutina es más venenosa
que el arsénico.

Salven al héroe de sí mismo.

Aplicación XVII
Switch user // Add an account

Esta temporada se lleva la soledad con fines
[caritativos

01:00 de la mañana.
Funciono a baja frecuencia.
La noche se vuelve aún más oscura.

El cuerpo entra en latencia.
(Me despierto
como después de una grave enfermedad).

Soy un animal nuevo, mejor preparado para las
[pausas de la existencia,
un animal más agresivo, más resistente que
[ayer.

Aplicación XVIII

¿Sabes tú del miedo?
Sé del miedo cuando digo mi nombre.
Alejandra Pizarnik, *El miedo*.

todo ocurre en vano
solo espasmos, obsesiones, dolor de huesos

(la genética se ríe de nosotros)

me cierro en mí misma
el cuerpo ya no responde
a las órdenes

las mutaciones cromosómicas
añaden un extra de belleza,
un extra de resistencia y valentía:
ropa escamosa sobre el cuerpo con alas de
[escoria.

10:00 de la noche
la soledad sustituye a la comida
la soledad es unisex
(la danza de la rebelión)

Aplicación XIX

02:00 de la mañana

Mis silencios siempre tienen cuerpo.
Mis vertebras se colocan en su sitio.
(la posición ortostática del cuerpo)
Un zumbido en las sienes

*

Los sonidos estallan contra las paredes.
Las partículas de cristal me caen en los ojos.
Un rápido parpadeo, como posando para una
                                           [foto,
Y dejo escurrir el rímel.

La oscuridad envuelve los objetos a mi
                                    [alrededor.
Pronto se hará de día
y como por casualidad, luego vendrán la tarde,
la noche azul, la madrugada.
Duermo como un robot,
me despierto como un robot.

Sé en cada momento
quién me ha pedido amistad,
cuántos amigos tengo,
qué piensa cada uno de ellos,
qué tiempo hará mañana,
y lo que me queda de vida.

La cara reconstruida a partir de sus muecas.

APLICACIÓN XX

Corre el agua caliente, la piel se enrojece:
señal absoluta de que en el espacio doméstico
                                              [vivo
la certeza de lo presente,
la dimensión alterable del cuerpo suspendido
como el de un ahorcado,
sin voluntad,
criatura de plástico y cristal.

Los límites
seccionan la estrechez del espacio
con la precisión de un cirujano.

La vida se va amoldando a unos patrones.
El olvido es solo resistencia.

APLICACIÓN XXI

Alineados en medio del tráfico como ante el
                              [pelotón de ejecución
esperamos la sentencia cívica
el atasco, las prisas, los nervios
estrés estrés estrés estrés estrés estrés estrés
                                   [estrés estrés

Sé que este día no va a cambiar nada–
la máquina de café,
las decenas de documentos con respuestas
                              [necesarias,
el pánico al alistamiento.

El tiempo vuela entre fechas-límite.

Aplicación XXII

Reflejada en la pantalla, la verdad de estos días
                              [suena estridente.
Desengañada criatura, vives la verdad de tu
                              [nido de cristal,
en el que se apelotonan con agresividad
                              [los deadline,
las notas explicativas, las dosis de muerte
                              [clínica.

La luz azul es la nueva *aurora borealis*.
La pantalla del teléfono, la nueva religión.

Aplicación XXIII

Experimento día a día el pánico de la
                                    [aniquilación
al ritmo de los paraísos contemporáneos.

La gris actualidad de las noticias se confunde
                                    [con la violencia:
cuerpos perfectamente estilizados en el
                                    [ordenador–
hocicos de animal con el bozal puesto.

APLICACIÓN XXIV

El pánico al acecho como un animal técnico,
        [un purasangre. No hay refugio que valga,
solo la amenaza de un colapso total del sistema.
En mi cuarto, revivo ese sueño con insectos.

APLICACIÓN XXV

Las redes sociales
o la realidad como un continuo atentado
                                [terrorista.

Vivo por delegación el esquema de esas
                        [presencias agresivas,
fiel al animal que hay en mí.

APLICACIÓN XXVI

Alimento a diario a una sombra mecánica.
Sale de la pantalla, me enseña las opciones que
                                              [tengo,
las películas que quiero ver,
lo que tengo que ignorar,
lo que tengo que hacer.

Aplicación XXVII

La vida como técnica creativa, la vida como
[arte,
el arte del marasmo.

La soledad amarrada
se presenta ante el pelotón
dispuesta a falsificarme.

La nueva forma de intimidad condena al
voyeurismo // desengaño // hedonismo
a la miseria colectiva.

Tomo calcio y vitaminas, hago deporte,
[intento comer sano.
Especie arrogante que vive de genocidios,
ecosistemas empobrecidos, genomas
[modificados, veneno estilizado,
atrocidades,
beneficios del 1000%,
tráfico de carne viva,
mano de obra barata,
EXPLOTACIÓN.

Pagos con tarjeta: billetes de avión, facturas,
compras en línea,
tratamientos para la piel, clases para dominar
[el miedo,
clases de inteligencia emocional.

Enarbolo la expresión de la eficiencia y de la
[vanidad
(logística de uso común)
posesión & beneficio.

Aplicación XXVIII
Sincronicidad

El esfuerzo por mantener los ojos abiertos
                    [frente al ordenador
(una vida recompuesta a partir de 2000
            [unidades de disco duro externo),

y de la nada, el pánico a olvidar respirar.

*

pensamiento espectral –puntos entre
                    [espacios-tiempo reales
emergencias sistémicas
pupilas dilatadas más de la cuenta.

*

sigo con mi vida entre placas de amianto
las libertades se consumen
en los límites que marca el día a día
DESPERSONALIZACIÓN

no vivo nada esencial entre esas delimitaciones
(eso si es que vivo)

*

la división del trabajo
(educación educación educación)

nuevas formas de dominación,
nuevos núcleos de poder
(infinidad de elecciones)
la paradoja del error me pone a prueba a cada
                                        [paso:
si ya no se puede hacer gran cosa, dónde
estaré mañana, cuando
la ciudad reviente de tanto beneficio
            [empresarial, por el bien de la patria,
dónde estaré cuando
negocie mis horas de sueño en el corazón de
                        [la pantalla, donde
se proyectan con rigor casi didáctico
las fechas de entrega & las tareas
                        [administrativas.

Aplicación XXIX

el silencio brutal de la pantalla genera
nuevos códigos morales
que combaten los tratados de paz,
de protección del medio ambiente,
de seguridad digital

& instituyen los mismos obstáculos una y otra
[vez

vivo en la inercia de las certidumbres pasajeras,
en la fiebre del dinero & las vacaciones exóticas
sirvo los intereses del tiempo emergente

mañana seré un animal
mucho más eficaz.

Aplicación XXX

Lo planifico todo a ciegas.
Ya han decidido por mí.
Me lo han impuesto.
Era necesario.

Me masajeo las sienes. El cansancio diario se
[infunde
en la planificación
por horas, secuencias, recursos inagotables.

En la máscara terrosa
están todas las sombras de la semana:
el estimulante interno del placer
–un momento necesario de renovación del
[contenido & con absurdos anclajes.

Miradas escrutadoras, rebeldes, sobre el delta
[de Bucarest.
La muerte con zapatos rosas lleva entre los
[dedos una flor de escaramujo–
variante sintética de los campos del contenido
[& la conciencia:

dos mundos vistos en una sola dimensión.
No quiero más planificaciones,
ni prórrogas ni modelos ni evaluaciones ni
                                        [folletos.
Quiero una casa de paja
a orillas del Bósforo.
Quiero sol & sueño.
Sin la matriz de las especificaciones técnicas,
                    [sin el ritmo de las anotaciones.
Al fondo de la retina pequeños rastros de rocío.

Ya no siento los ojos. Solo el hielo glaseado de
                                        [la vida
filtrado por los oídos, los garabatos de la gente
                                        [de piedra
bajo la indecente blancura del vestido, sus
                                [miradas implacables
como una instalación alternativa.
Las sombras extienden sus rostros sobre mí.

APLICACIÓN XXXI

Gatos & palomas
reposan su indiferencia sobre mi hombro entre
[espejos barrocos.

Me apunto sin falta a la programación semanal
[–somos
Multiculturales– solidarios en la impotencia,
[buscamos excusas.

Participan pasivos en dramas de todo tipo:
de vez en cuando, por sentido común,
[por solidaridad, recibo con los brazos abiertos
mi propia dificultad de asumir
  [responsabilidades, de planificar aberraciones

estratégicamente

¿Mejor matar sin
sufrimiento
que
hacer sufrir
sin matar?

Rumanía, tu ganado necesita cada día una
[autorización para que
sigas siendo un eminente exportador europeo
[de carne.
Tú, Rumanía, tienes que garantizar la
[cuarentena,
aislar los focos de peste, aplicar las medidas,
[respetar las reglas.

En la arrogancia de los sueños extraterrestres
se activan todos los órganos internos.
Y el cerebro hierve.

Pasan las horas a la espera de una opción
[alternativa.
Gimnasia mental en clases-mosaico,
formación didáctica que no distingue perfiles,
higiene personal del esfuerzo físico.

Unos fuegos intensos ponen a punto la
[instalación
El humo sube por el organigrama diario

queremos descentralización
queremos autonomía

en el sarcófago de la oficina
le añado otra fila

al atestado.

Bajo la magnolia de cera
me convierto en un gigantesco iris
                    [incandescente.

EJERCICIO
SÁBADO EN COLENTINA

Junto a este parche de musgo y algas donde
[flotan
isótopos de uranio,
las ranas hacen el amor.
En Bucarest, no hay parque que me recuerde a
[mi casa, ni siquiera
los destellos del río Colentina,
que acarician los pelícanos y las gaviotas
[carnívoras.
Apuro mi cigarrillo a lo Virginia Woolf
y me lleno de piedras los bolsillos.
Mido mi locura. Cuento las horas.
Mi cuerpo carga aún el peso de la jornada,
[arrastrando
brutalmente el saco de barro y envases
[enfermos.

Me he pasado el día dando vueltas por el centro
[comercial en busca de unos vaqueros, lencería
[italiana & camisas con *matrioshkas*.

Se me ha olvidado que existo por unas horas,
un ninja de las compras en la isla capitalista.
He caminado por cementerios de mujeres de
[bocas cosidas y he querido gritar en su lugar.

Alguien había escrito en la pared "NOS
[QUEDAN 2 DÍAS".

A mi espalda, la sombra de un hombre con el
[pelo caoba.

Un anciano sale reptando del río,
un monstruo acuático.
El silencio del pez en un mundo tatuado.

INSTANTÁNEAS

UT PICTURA POESIS

A 24.000 metros de altitud, el amor tiene que ser
como el que se ha dejado en tierra.

*

En Estambul pasé una hora con una turca
                              [llamada Cansel.
Me esperó en el aeropuerto con mi nombre
escrito en una hoja tamaño A3.
No me apetecía mucho hablar. Aun así, nos
                              [tomamos un té negro
y me ayudó a comprar el billete de autobús
                              [para Bursa.

De camino leí las primeras páginas de *Austerlitz*
                              [y me acordé
del día en que visité Amberes y de la famosa
                              [estación que Sebald
describe con una precisión didáctica.
La estación de autobuses de Bursa es ruidosa y
                              [variopinta.

Desde la dársena 93, entro de lleno en la
                          [realidad de las mujeres
  ataviadas con *çarşaf*.

Kemal Atatürk vela desde el balcón
por la gente a los pies del Ulu Dag
el narguile con aroma de menta y sandía
el sabor del té de manzana verde
el teatro de sombras
Karagöz & Hacivat –escenarios imprecisos en
                          [los que
me sumerjo sin querer
la inminencia de la guerra santa
un rastro de perfume mezclado con polvo
el barrio de Setlaşi, reino del *simit* con *ayran*,
formularios de control
registros de muertos.

Welcome to Shadow Play

A lo lejos, el cántico del almuédano se pierde
entre la multitud de las calles.
Me adentro en la ciudad cosmopolita.
En la mesa de al lado hay dos turcas jugando
                          [al Backgammon.
Una de ellas lleva
un corpiño de seda gris.

Las dos tienen las manos finas, como de coserles
[el dobladillo
a los pétalos de rosa.
La reconstrucción en terracota de una antigua
[ofrenda.

El rey de la mañana le trae ofrendas al dios-toro
[Adad,
y las caravanas salen de Asiria rumbo a Kültepe
para llegar a Hattusa bordeando el mar de
[Mármara.

ACTOS IMPROPIOS

El mal dormir retuerce mis sueños
en paseos marítimos color turquesa.
La mañana se me pega a la retina.
Rebusco en la casa del ahorcado.
Allí las promesas se pueden romper.
Allí los silencios son cada vez más pegajosos.
Me sumerjo en ellos, acepto
la violencia de las horas.

El tiempo se retuerce como un bonsái.

La mejilla perlada adquiere la lividez de la
[muerte

Entre 1775 y 1799, Goya le escribe más de 140
[cartas
al comerciante aragonés
Martín Zapater. Sobre la vida y el tiempo, sobre
cosas sin importancia.
"A las putas hay que follárselas, no
servirles de psicoanalista", dice
en alguna parte un personaje de Bolaño.

Destellos de una película en blanco y negro.
¿Se inventa Bolaño a Rafael Dieste?
¿Y al pintor Edwin Johns?

Me echo aceite por el cuerpo, escucho la
                    [conversación de al lado.
El horizonte parece tranquilo, de un azul
                              [transparente.
Siento mi cuerpo como un meteorito.

CONFESIÓN (*TRIGGER STORY*)

Bajo los doce puentes budapestinos, los barrotes
   de Europa pesan tanto como
esos zapatos de hierro plantados en el muelle.
               [El Danubio es un jardín
   petrificado. Demasiada

libertad bajo este hilo de araña al que me aferro.
   El informe de anatomía
patológica lo indica claramente: las 11 láminas
                   [examinadas
   muestran material extraído del

lóbulo izquierdo del nódulo tiroideo, extendido
                   [y teñido
   con solución de Giemsa y de Papanicolaou.
En el examen microscópico se observan un
                   [fondo hemático
   reducido y varios grupos de células

foliculares ordenadas, sin atipia. ¿Entonces
   por qué me siento culpable por estar bien?

¿Por qué me siento culpable por estar viva? La
[mujer
fuerte que tienes delante es una instalación

que vaga por las calles de esta ciudad poblada
[de tranvías
de colores como las láminas de anatomía
patológica. Dibujo círculos sobre una hoja, una
[presencia
de ceniza, un columpio vacío, estatuas,
[verdugos.

El sol se baña en mi retina: un cóctel de
[epinefrina,
morfina, dopamina.
El cuerpo desafía el protocolo somático
y se envuelve en el graznido de las cornejas

como en un lienzo mortuorio. Sobre las olas,
[los símbolos etruscos,
las vasijas de arcilla, las joyas fenicias, los
[conos de ciprés.
Al amanecer me acurruco entre tus brazos.
Me amas como un criminal boliviano
[recién salido de

la cárcel. Donaré los ojos, el corazón y los
[pulmones

con los que te quiero. Los remaches de la
[realidad se abren
camino en el sueño huérfano. Abandono la
[fortaleza y tus fuentes
vitales: el parque, los bares, el insomnio,

la terraza con sus dos conejillos de Indias.
[Tengo la revelación
de un aterrizaje extranjero en el jardín
de las delicias *grunge*. Al atravesar las nubes,
[la sensación
de dirigirme hacia la realidad. Me aprieto
[más fuerte

el cinturón & siento que me desmayo: aprendo
[a respirar.
Mi armadura está hecha de escamas de titanio
[y granito.

Animación

Vivo como un personaje de *manga* en un
                    [edificio *Art Nouveau*,
en la ciudad de las sopas de sobre. Juguetes de
                    [porcelana, joyas,
miniaturas de esmalte, abanicos, cristalería &
                    [muebles,
postales anticuadas en un torbellino de piedras
                    [preciosas, axones
& electricidad. Un cóctel hormonal. Tu semen
                    [como oro fundido.
El jardín y las sombras de las paredes contiguas
                    [brillan sobre
nuestras soledades, sobre la comida en
                    [recipientes
de plástico, sobre la enfermedad, como una
            [caída oblicua en la habitación sumergida
                    [en la oscuridad.

Pronto la ciudad se extenderá a nuestros pies
                    [con aires de felina.

99

LOVE EXPOSURE

Nadie cruza el puente de piedra sin dejar rastro
                                            [en
la filigrana del día.
Piensas todas tus acciones en pasado, como si
hubieras asistido a humillaciones públicas, a
                          [ejecuciones en vivo
y altas traiciones. Los reflejos de luz agrietan el
                          [espejo plateado
donde se tambalean los rostros sin edad.

                    *

El cuerpo de agua y semillas de granada duerme
          [profundamente en una playa lejana.

Me tocarás los tobillos, desabrocharás mi corsé
                          [de conchas y
tu cara se tatuará en mi sueño, hasta que,
                    [amarrados el uno al otro
como nudos marineros,
rechacemos la comida y el sol;
un par de perversos dignos
del espejo azul.

Nuestros nombres tienen la fuerza de las
                                    [erecciones matutinas.
No solo somos sacos de carne y linfa, somos luz,
aprendemos a conocer la paciencia, la libido &
          [la fidelidad franqueando en solitario
los escalones del desierto que destilan delicias
                                    [y escorpiones.

BACK IN BUCHAREST
BACK IN SOLITUDE

Escuchamos Oasis. ¿Otro día de vacaciones?
(No podemos permitirnos ni uno más).
Sol miope. Cada loco con su tema. Sobre
Dominique Fernández,
el primer gay aceptado en
la Academia Francesa. Sobre la vida de Pasolini.
                              [Sobre la abuela
del final del callejón que lleva a sus nietos de
                    [la mano. Sobre las confesiones
al padre ausente. Sobre Vasko Popa.

Soledad sin fisuras.
Soledad bien llevada.

El recuerdo de la brisa del Caribe a través de mi
                              [melena tiznada.
La espera calcificada sobre los huesos del coxis,
                    [sobre el fémur luminiscente.
Me acechan las sombras nocturnas.
Mi vida —una *road-movie*.

(Quiero ver de nuevo la escena en la que
                              [Mads Mikkelsen vuelve
cojeando a la tienda y sacude a los que le habían
                              [dado una paliza
mientras reclama dignamente su compra.
Hombres de espaldas anchas y miradas azuladas
                              [en una película danesa).

Estuve dos horas deambulando bajo la lluvia
                              [después de acompañarte al
aeropuerto. Cambié cuatro veces de autobús
                              [en una Bucarest
cubierta de barro. Frío, humedad, soledad. En
                              [la mesa de la cocina:
mermelada y dos tazas de café sin terminar.
                              [Luego, la imagen
del taxi en la lluvia. Nuestra foto bajo la cúpula
                              [de la estructura de hierro y
vidrio, inciertamente resguardados por las
                              [cámaras de seguridad.

Bloques ridículos bajo el cielo pelón.
En la estrechez de sus pisos, los vecinos
     [se dedican a hacer la comida, lavar la ropa,
molestar a sus hijos, y acaso a sentir a su vez
                              [una especie de soledad.

Las nociones básicas ennegrecen sin parar
las marcas que dividen el día.
Soy una Tillandsia cenicienta bajo una cúpula
                                    [de cristal.

LOVELESS

Junto al café solo, unos arabescos escritos a
[mano.
Repaso los momentos principales de la semana,
nada memorable.
Somos, casi todos, versiones de Boris y Zhenya.

Nieva. El patio desierto. Desde la orilla del lago,
[la cellisca conserva aún
la huella de los pasos indiferentes o tan solo
cansados, cientos de gaviotas en el cielo de
[Colentina
merodean por las calles vacías & heladas
como extremidades desarticuladas:
planos imperfectos de una película de
[Zvyagintsev.

Somos los reyes locos de Corneliu Baba.
[Arrastramos
nuestra desventura por la estadística de las
[jornadas idénticas.
Almacenamos sangrientos anuncios en los
[estantes,

la más amplia gama de productos
entre la vorágine de ofertas de verano-otoño-
                              [invierno.
Vivimos nuestra soledad a toda prisa.
Condensamos nuestras emociones.

La imagen del pinar que cubre Filopapos brota
de los riscos y los mosaicos bajo nuestros pasos
                              [apurados, recorridos
por el esporádico hormigueo del aroma a cítrico
                              [y olivo:
experimentamos el pánico ciego del animal que
                              [tiembla al otro lado de
las yermas colinas abatidas por el viento.

Mi vida no está en el pasado.

Los saltamontes vuelan del equipaje,
                [esparciendo trozos de chocolate y
pistacho por los mapas y las guías.
Leo *El Fin* de Attila Bartis y me entran ganas
                              [de preguntarte si
eres feliz.
Paseo mis dedos por tu cara, pero tu boca no
                              [sonríe.
Tu cara, cada vez más difusa.
Quisiera vivir en una caja china y no en esta
                              [habitación,
no en esta ciudad.

"Que desaparezca todo lo que meto en ella.
                    [Como si nunca hubiera existido.
De nada sirve rebuscar en su interior, me basta
                    [sopesarla para comprobar
que todo lo que puse en ella sigue ahí", dice
                    [Éva Zárai.

La mujer yace de lado con las rodillas apretadas
                    [contra el mentón.
Cierro los ojos ante la imagen de las gaviotas
                    [que se dejan caer en picado,
se elevan,
vuelan.

RÉQUIEM

Un nido vacío de palomos al atardecer.
Elisabeta nos despide llevándose las castañas
                              [asadas y
las amapolas y las dos o tres sillas un poco
                              [más allá,
a la puerta del sótano.
En su regazo acumula pelusas de tono
  [púrpura y restos de alfombras deshilachadas,
como una antigua señora de los tiempos,
que ha llevado una vida modesta y extraña.
Las lanzas de luz encierran en su bóveda
                        [un día casi primaveral.
El crepúsculo mantiene el gorjeo de las aves.
"Tres encrucijadas ha de recorrer el alma:
la encarnación, el matrimonio, la muerte".
El abandono del cuerpo.
Sobre el primer día de febrero se abate el frío
cortante
de Dobrogea.

Poema

Tormenta de nieve. Negras aves sobrevuelan
[Colentina
en busca de comida.
Hoy te irás, y el cuento de invierno quedará
[atrapado en el paisaje.
Los *haiduci*[2], los corregidores y la patrulla
[corretean
como los perros del barrio.

No conseguí dormirme hasta casi el amanecer,
después de que amainara el viento
y que a los perros les diera por ladrar y
[abalanzarse
sobre los pies de los aterrados transeúntes.
Perros y gitanos y extrañas aves. Perros y
[ventisca.

---

[2] Los *haiduci* eran guerrilleros de origen campesino que actua-
ban como bandoleros contra las autoridades otomanas y los
comerciantes locales durante el periodo de ocupación de los
Balcanes y algunas regiones del territorio de la actual Rumanía
por parte del Imperio Otomano, entre los siglos XVII y XIX
(nota de los traductores).

Perros y *corvus cornix* entre la tierra helada
[y el cielo ennegrecido.
Perhan, el gitano adolescente de Kusturica,
corre libremente por el sueño,
en busca de un compadre de otros tiempos,
mientras el bueno de Carfín (el gitano de
[*Aferim!*)
pierde no solo la hombría, sino también el
[honor,
al hundir el boyardo en la boca de la sultana
el mutilado sello del sacramento.

Del sueño invernal ya solo queda el aroma del
[café y
la lucidez de Atalia Abarbanel: "seguramente
[tú también has venido aquí
a aislarte para buscarte a ti mismo. O tal vez
[para escribir un nuevo tipo de poesía. Es
[posible
que el asesinato y las torturas ya se hayan
[acabado y es posible que el mundo ya esté
cuerdo y libre completamente de sufrimientos
[y que solo esté esperando
con impaciencia
a que por fin llegue
un nuevo tipo de poesía"[3].

---

[3] Amos Oz, *Judas*, traducido por Raquel García Lozano, Siruela, 2015.

SUEÑO SALMANTINO

Sobrevives a la lucha diaria & a las órdenes
[absurdas,
a las pequeñas extrañezas,
a la inexactitud & a la hipocresía.

(La vida replegada en gestos)
Los miedos hacen más sugestivas tus arrugas,
te confieren la palidez de los mártires sin
[sentido
(figuras místicas de un califato andaluz)

Tus huesos se pudren lentamente bajo las olas
[del río Tormes.

*

El hombre lobo le enseña los dientes a la
[muñeca de ojos saltones
en el escaparate de las nínfulas salmantinas.
Como en un enorme acuario estás tú.

La mujer mariposa o la diosa cazadora[4],
la encantadora de serpientes & de ejércitos,
la adivina que te absorbe a través de la mirada
[de Celso Lagar,
con sus aberrantes joyas.
(Los cazadores reales han colgado dientes de
[lince y
colas de lagarto sobre la tumba olvidada
de las mujeres con piel de salitre).
Buscas en los anales de la muralla –música,
[miradas indiscretas,
una herencia comprometida, insubordinación,
[erotismo,
calma, repulsión,
los azares de la guerra– ese trance
en el que piensas en todo,
doña Teresa, en el año de gracia de 1496, en la
[misma plaza
desde la que Miguel Lis contempla enmudecido
400 años más tarde el desarrollo de su propia
[ruina.

Al entrar al Patio Chico, no sabes si el ejercicio
[ha llegado a su fin o
si la historia te atrapa en sus turbinas gigantes.
En la Plaza de San Martín olvidas quién eres.
Intuyes tu final.

---

[4] En español en el original (nota de los traductores).

Con esas mismas palmas
(en las que las mendigas de Córdoba
                              [vislumbraron
una vida breve pero intensa),
volverás a trazar las líneas del camino que te
                              [lleva a casa.

Te pierdes en la multitud.
Tu presencia solo es un grano de arena en una
                              [playa desierta.
Sabes que nada importa en el torbellino que te
                              [envuelve.

Buscas un haz de luz en medio del pantano
en el que ya estás hundida.

DE CINE

I

En la Torre Blanca de Salónica, sentada
    [a la mesa de madera y cristal de la última
                          [planta,
veo el mundo a mis pies consumir sus días
                      [despreocupado.
Sobre las losas, las gaviotas parecen sombras
                          [de arena.
En el periódico de la mañana,
Demetriou indaga sobre la huelga de estudiantes
                        [marxistas.
Teodosio, arrastrado por los navíos macedonios
                [y los escudos antimisiles,
descansa.
Las olas del Mediterráneo tiemblan bajo mis
                            [pasos.
Solo los cuervos totémicos de la estatua de
                 [Aristóteles permanecen
quietos en este mediodía de marzo.

II

El paseo matutino entre las conchas y las hojas
[esparcidas
de jacaranda por la playa desierta de Tel Aviv.
Unos planos fugaces antes de partir.
Guardé en la maleta dos o tres sobres de azúcar
[moreno
impresos con rostros de sefardíes y askenazíes.
Fotografía en sepia a lo largo del bulevar
[Rothschild,
del nº 50 hasta el nº 1: mirlos y fuentes,
[edificios impresionantes,
tumulto, el espejismo de la paz. Explorando
[los escaparates, me topo como
por casualidad en una galería coqueta
con *El Sol Amarillo* de Chagall & *El Bufón*
[de Picasso.
Junto al mosaico nacarado de Shalom Shabazi,
[me detengo
entre gatos y canarios a tomar un *capuccino*
[con su flor de leche.
El sabor de la mañana en cada poro,
[en el hueco de la mano, en las fosas nasales.
Una oleada de turistas proveniente de Yafo
[asalta la paz sin miramientos.

III

La joven envuelta en seda turquesa lleva
en los bajos del vestido flores de jazmín y
                              [soriasis.
El estribillo bergmaniano:
cada uno de nosotros juega una partida de
                       [ajedrez con la muerte.

IV

2.000 m³ en la piscina olímpica irisando la nie-
bla
                              [del mediodía.
Vidas cloróticas bajo la cúpula de la inmensa
                              [sala de cine.
El ganador tiene que ser humilde,
y el otro aprender a perder.
"Hay padres que destruyen a sus hijos" –y
                       [Daniel de Oliveira se
enciende un cigarrillo, indiferente al ruido de
                              [las calles de
Río. Cómo destruir a un hombre en un día.
Cómo ser repudiado en 24 horas.

Biografía falsificada

Los cadáveres brotan del río como preguntas
                              [sin respuesta.

Vivo la euforia teñida de rosa en improvisados
                              [centros de detención,
la euforia de las imágenes sobre las que no se
                              [puede hablar:
el cuerpo del niño con las manos aplastadas
que apareció en Colentina tras el deshielo,
en mitad del canal,
junto a los cofres repletos de chinos
                              [descuartizados,
sirios y gitanos morosos.

Están retransmitiendo los funerales del rey
                              [por televisión.

DEALERS DE DOLOR[5]

Mi *minion* con mejillas deliciosas ha dormido
                    [hoy más de seis horas
Lo he amamantado mientras estaba durmiendo,
            [como a una ranita envuelta en muselina.
Entonces se ha reído por primera vez el juguete
                       [de carne y hueso.
Mi pequeño tiene ya cuatro meses. El otro día le
    [tomé las huellas de las manitas y de los pies–
Había aplazado "la operación" más de un mes.
Dani y Florin te regalaron plastilina blanca.
Hasta la noche, la mezcla de leche y yeso
              [llevando tus huellas se endureció.
Las miro y me quedo asombrada al ver lo
    [pequeño que eres. ¡Lo pequeños que fuimos
                       [todos una vez!
La abuela nos ha acompañado. La abuela sabe
                 [jugar contigo, Lucas.
Los padres son siempre más estrictos que los
    [abuelos. Y casi siempre no tienen tiempo.

---

[5] Poema original traducido por Claudia Aura Vasile.

Florín y yo tuvimos a mamá Filica y al abuelo Ion:
[cariñosos y chistosos, nos han
[proporcionado cuentos,
juegos y maravillas. Y Lucas te tiene a ti,
[Buni-Buni. Y al buni Paul.
Así se dice: los abuelos tienen paciencia sin
[fin con sus nietos. Y amor infinito.
Has curado a la abuela, quitándole el
[sufrimiento y el dolor.
Así se dice: a los nietos se les permiten todas
[las travesuras. Ellos son *dealers* de dolor.
Allí, en Crusov, donde la canícula tatúa la
[soledad detrás de los ojos como a una
[fatamorgana,
Allí, en Crusov, donde hay cuentos con gente
que vuelve de su camino sobre el agua y de su
[camino por los sueños,
Allí, en el pueblo del campo donde otros,
[igual que nosotros, vivieron su niñez de leche,
Siguen oyéndose, en las callejuelas, nuestros
[gritos de alegría.
Todavía se perciben los hologramas de los
[niños que fuimos una vez.

DIVERSIFICAMOS[6]

A Lucas-Paul y a Eric-Andrei

Hemos ido a la feria de bebés
con los dos bebés primos-hermanitos.
A cualquier paso, miradas curiosas o
                              [desanimadas,
Libros que suenan, padres que tienen
                              [entretenidos a sus hijos,
Comerciantes aburridos de formular el mismo
                              [mensaje.
Este día es un trompo del capitalismo.
¿Tienes dinero? Ven, invierte todo lo que tienes.
¿No tienes dinero? No te impliques, apártate y
                              [mira.
Este es el mundo en el cual vivirán nuestros
                              [hijos.
Hemos dado una vuelta por la feria –pronto
[vamos a hacer el cambio de la cuna a la cama,
De *baby nest* va a dormir en una cama de bebé
                              [con colchón de coco,

---

[6] Poema original traducido por Claudia Aura Vasile.

La silla de coche la cambiaremos por otra más
   [grande, el portabebés por un carro de bebé.
Lucas y Buni-Buni intercambian miradas
                              [cómplices.
"Está bien todavía", te dices a ti misma.
"Niños pequeños, preocupaciones pequeñas".
El corazón de Buni-Buni se derrite cuando oye
                [gorjear a los dos bebés-primos.
Como si le crecieran alas de colores como a
   [una libélula. Y vuela con ellos hacia el cielo
                                    [de octubre.

ÍNDICE